Primera edición abril de 2026

© Alicia Louzao
© de esta edición, Editorial Páramo
www.editorialparamo.com
editorialparamo@gmail.com / 646346731
Coordinación: Javier Campelo Bermejo

ISBN: 979-13-991217-7-3
Núm. DL: VA 152-2026
Impreso en España – Printed in Spain
Impreso en Estugraf

AQUILES EN OPORTO

Alicia Louzao

editorial PÁRAMO * lírica

AQUILES EN OPORTO

Alicia Louzao

AQUILES EN OPORTO

Sólo para los héroes verdaderos:
Son Goku, Héctor, Jasón, tartarugas ninja,
San Juan de la Cruz, Batman, Jaime

PARTE I

El héroe nunca fue Aquiles. Aquiles bebía Superbock *en botellas diminutas por donde asomaba su ojo y buscaba por internet un billete de avión a Oporto. Pero confieso que no soy un narrador fiable.*

No hubo musas. Porque hay televisión por cable. HBO. Y no hubo parcas. Tenían demasiado miedo. Los ojos que no nos miran porque son los ojos de los demás vieron que Aquiles se fue a Oporto porque ya tenía demasiado sueño. O demasiado frío. O estaba harto de ser hijo de un dios menor. Pero confieso que no soy un narrador fiable.

La huida

Entre las manos finita arena. Amarilla incandescente es
la salida.
Un hueco limpio o cama blanda buscará el héroe y
nosotros estaremos con él.
Estaremos con él.

Ofrenda al Héctor de Eric Bana

Canta, oh, musa,
el sueño que se tuerce
cuando llegan las horas
y el invierno y la playa
que vieron los ojos del último héroe.

Mencionamos aquello que es secreto
como algo que se traga la tierra.

Canta, oh, musa,
que entonces vio Aquiles la grandeza
y la arrastró por los pies débiles:
los vencedores cantan todas las batallas
pero los que pierden
mencionan aquello que es secreto
como algo que se traga la tierra.

Guía turística: visite São Bento

Depositó su corazón,
blandito,
en la estación São Bento.
Dijo que algún día volvería a por él.
Dijo que el polvo llegaba a sus ojos.
Dijo que los corazones son todos parecidos.
El suyo,
blandito,
en las paredes azules
tenía el tono de los pies cuando caminan por la orilla.
Era transparente como crisálida de aire.
Era transparente como el ruido de una estrella.
Era transparente como el polvo en sus ojos y en su boca
cuando dijo
que algún día
volvería a por él.

No nací aquí. Pero eso no es lo importante.
Llevo hombres en los bolsillos que me vieron venir.
Espero que nunca me pregunten qué hacía un chico
apuntando a la noche.
Llevo ojos tristes de los desesperados.
Mochila de viajero,
una pecera por aquello de recordar la infancia
y paquetes de cigarrillos.
El Hombre Viejo y el Hombre Sabio dicen que son la
misma cosa.
No nací aquí. Pero eso no es lo importante.
Escapé por el agujero donde se filtran las tinieblas.
Me tapé la nariz (es necesario)
y descansé el cuerpo sobre un banquito de piedra y papel
porque no llovía mucho y porque no tenía ningún lugar
al que ir.
Mi madre me leía revistas y me cerraba los párpados
y yo soñaba con actrices viejas y actores elegantes
en un cuarto dentro del agua.
No nací aquí. Pero no me preguntes eso.
Creo que no es importante.
Llevo hombres diminutos en los bolsillos
y no sé si también al Hombre Viejo y al Hombre Sabio
que son la misma cosa.
Busco el agujerito por donde se escapan las tinieblas

puede que alguna vez regrese despacio hasta la boca de
mi madre.

Pero me duermo en los banquitos de piedra y de papel
resistente.

Y, aunque me preguntes,

te diré que no nací aquí.

Aunque eso no es lo importante.

Aquiles camina un poquito el barrio

Camina veinte mil pasos como una prueba de su
sombra.
A veces no está aquí cuando *aquí* es el deíctico de las
verdades.
Tiene en los ojos las estrellas.
Y se aleja como si tuviera la fuerza suficiente para
desatarlas
o cambiar de rumbo.
Habitación número 705 del *Bed and breakfast* más
sencillo de la ciudad de los fantasmas y cortinas viejas.
Tal vez yo no sea recordado.
La sombra le golpea los pies con los puñitos. Y ya llega
a los veinticinco mil pasos sin siquiera detenerse a
tomarse un helado en el abismo. Las piernas colgando.
Lenguas de fuera que se agitan y llegan a sus oídos las
voces de los extraños.
Tiene sueño y camina porque la ciudad se mueve con
sus huesos y debajo del suelo:
estómago, músculo, garganta, arroz blanco, vena.
La sombra le golpea los pies con los puñitos. Y ya llega a
los veintiséis mil pasos.
Los extraños caminan siempre al sentido contrario
porque sus problemas no son los mismos.
Pero él se sostiene sobre la tierra con bolsas de *I love
Oporto* y busca la iglesia más apartada y la sombra que

grita debajo de sus pies y se agita bruscamente como un
oráculo que tiembla y le susurra que si nadie lo piensa
ni lo ve:

tal vez yo no sea recordado.

Vuelta al *Bed and Breakfast* por rúa Firmeza

Preguntan las cabezas y los caminantes tristes:
si quizá sea la falta de potasio
o la pérdida de dos amores juntos casi sin querer
como una cerilla que en el bolsillo se prende y se
consume y llega al hueso.
Quizá sea la falta de vitaminas
o que el agua está demasiado fría. O que es de color
amarillo. Amarillo radioactivo.
Caminantes tristes
en las calles tristes
con ventanas tristes que se lamentan
de que no llega nunca la lluvia.
Cabezas con gente triste dentro de ellas que guardan las
espinas
y en las paredes los grafitis de alguien que
probablemente ya no esté aquí.
No coma cruasanes amarillos. De un amarillo
radioactivo.
No se siente en el borde de la tierra.
No tenga ya nada más que escribir.
Cabezas sobre gente triste y la calle triste pero quizá sea
la pérdida de dos amores o de una casa o de su propio
nombre o que la tortilla estaba demasiado hecha pero
uno tiene que comer.
Nutrientes o corazones. Y todo en la misma casquería

en la que las niñas señalan con el dedo la sangre que se enfría tras los cristales.

Sangre amarilla. De un amarillo radioactivo.

Cabezas arrastrando caminantes tristes.

Esperan un ritual o un barquito que les lleve donde la fruta en las manos no se vuelve oro.

En las paredes los grafitis.

Caminan torcidos como interrogaciones de papel y de hueso.

No quiero tocarles cerca.

Jim Morrison dice que son todos extraños en un mundo extraño. Un mundo amarillo. Amarillo radioactivo.

Y Neal Schon dice que los extraños te esperan debajo de las farolas.

No sé.

Cabezas de caminantes tristes.

En la ciudad triste.

Que asoman y piensan que allí abajo transparente
palpita
está
el borde de la tierra.

Segunda feira

La primera mañana entró en sus ojos con la fuerza de las
catedrales.
Conservaba el cuerpo colmado de ceniza y de abejas.
Le llamaron caprichoso. Pero algunos no piensan
demasiado antes de hablar.
La primera mañana entró en sus ojos como un océano
que se conmueve ante la niña que empieza a nadar con
miedo.
Piececitos como peces que se escurren en la arena.
Tenía los años suficientes para saber cosas sobre el
mundo.
Esas cosas que en la escuela te dicen que no valen para
nada.
Cosas como saber los puntos cardinales,
quién es el malo de la película,
que Sofía nunca te invitará al cumpleaños,
que el rojo no combina con naranja,
que mejor te tomas el zumo sin colarlo porque ahí
reside toda la fibra.
Y la fibra son los hilos que se cuelan entre los dientes y
que luego escupes en el aire.
La primera mañana entró en sus ojos como una casa con
puertas haciendo mucho ruido.
Tenía los años suficientes para caminar solo por la calle,
para hablar con desconocidos,

para no llamar a su madre,
para aprobar una oposición,
para cruzar el agua como una niña que mueve con
agilidad los piececitos
como peces de plata que se escurren en la arena.
Nadie le dijo que estaría solo en el centro de las cosas.
Que necesitaba un bolígrafo,
una dirección postal,
pasta de dientes,
cepillo.
Vinieron las noches sobre su cara en la ciudad que le
daba la mano y le abría el paraguas.
Vinieron las noches sobre su nombre y él se quedó
atrapado como las ovejas de Buñuel.
La primera mañana descansó en sus ojos.
Nadie le dijo que estaría solo en el centro de las cosas.
Luego vinieron todas las noches
como puños cerrados.

Hilda o Aracne Modas

No era pequeña.
Tenía alfombras mágicas en las que no gobernaba el polvo.
Le cosía la ropa de su héroe favorito.
Y tenía cinco patos azules que guardaban los árboles.
No era pequeña.
Pelo gris y olor a guiso con patatas y a costurera.
Mil mujeres gabardina y mil mujeres vestido-de-noche y mil mujeres en-la-iglesia pasaron por sus manos
y ella no era pequeña pero tenía manos de agujas.
Hilos de oro.
Hilos de plata.
Telas azules que parecían un poco de agua y se caían sobre las alfombras mágicas en las que no
no
gobernaba nunca el polvo.
Mil mujeres antiguas y mujeres de fotografías en blanco y negro con sombreritos de lunares y ella midiendo con los dientes y el costurero y las manos de agujas.
La importancia de ser la modista
o la maestra.
Cinco bocas que saltaban por la casa y gritaban a los cinco patos azules que custodiaban los árboles.
Y la mujer que no era pequeña
pero que cabía en un botón

y que encendía las velas por aquellos que se habían tenido que marchar deprisa.

Y las mil mujeres de cristal y las mil mujeres de sonrisas que pagaban un poquito a ella,

la mujer que no era pequeña,

para vestirse con estrellas o con blusas orientales.

Ella con mandil de lino y cuchillo de mondar patatas.

Un niño en cada brazo.

Y él vestido de su héroe favorito.

Las manos de agujas.

No supo escribir nunca su nombre porque le quitaba la hache.

Eso no era importante.

Cinco bocas gritando hambre y las mil mujeres de cristal en la puerta.

No vio morir a sus hijos y por ahí todo el orgullo.

Eran tiempos difíciles.

Tiempos en blanco y negro. Mil mujeres de estrellas y mil mujeres con leche en los bolsillos.

Pero ella no era pequeña.

Hilos de oro.

Hilos de plata.

Manos de agujas.

Nossa senhora dos azulejos

Sobre la piedra blanca varios brazos apilados.
Dedos unidos entre las manos guardando una promesa y
las bocas son las palabras adecuadas.
Que nossa senhora dos azulejos nos proteja.
Los brazos golpean la piedra blanca porque así saben
que serán escuchados.
Al final de cada brazo,
una cabeza,
al final de la cabeza,
la pregunta o el rezo
porque son la misma cosa.
Que nossa senhora dos azulejos nos proteja.
La madre reza por esa chica que no parece demasiado
buena. Y el padre pide que la madre rece por el padre
porque hace mucho ya que todo se empieza a torcer.
Un examen de policía. Una enfermedad en el cuello. Un
mensaje en la botella. Un diamante de cinco puntas. Una
tienda de telas. Perder diez kilos en una semana. Que no
se muera la abuela. Que no se muera el tío Alejandro.
Que no se muera. Que no se muera. Y que llame Blanca
y te diga que realmente nunca se había ido.
La iglesia con los creyentes que lo son solo por un día.
Gran oferta.
Y las bocas que mastican las letras y la sopa.
Rezos o preguntas porque es todo la misma cosa.

Círculo blanco de manos y de uñas.
Que nossa senhora dos azulejos nos proteja.

Troya

Y tú elogias la plata nacida de la tierra
y el mar hirviendo de cadáveres
donde entran las manos para limpiar
fragmentos de cuerpos que fueron de otros.

Cuando cruces la travesía no te recordará nadie,
¿quién afirma que fue tuyo este paso?
Suenan ruedas de furgoneta blanca
gasolina tibia de extraños hambrientos
y palabras que se cuelan en las grietas.

Y tú elogias la plata nacida de la tierra
y el mar hirviendo de cadáveres,
pero cuando cruces la travesía, escucha:
no te recordará nadie,
¿quién afirma que fue tuyo este paso?
Nacido de serpientes y mitología de papel
porque si no recuerdan tu nombre
será como si la muerte hubiera llegado:
escuchas el polvo que promete venidas dulces.

Y tú elogias la plata nacida de la tierra
y el mar hirviendo de cadáveres.

Rúa das verdades

Qué paso firme tuvo el héroe cuando solicitó un pequeño lugar en el mundo
y le regalaron la rúa das verdades.
Una mesita de plástico con mantel rosa y una caja de galletas. Háganse aquí sus voluntades.
Pocas veces caían monedas pero la fe es tan pequeña como un insecto verde que recorre sus días con la muerte en las alas. Quién no va a tener fe cuando vives en la rúa das verdades
eres un héroe bélico
y tu madre es la mujer más famosa del mundo por delante de Marilyn y por delante de Frida y por delante de Rosalía de Castro.
Y la noche llegaba limpia como un niño tierno
y la ciudad empequeñecía hasta llegar al tamaño de una bola de cristal en la tienda de los turistas.
Cabía en una sola mano.
Y en la rúa das verdades un chico se sentaba en la mesa de plástico y miraba de frente a las vísceras que quedan después de demasiados años guardadas en todos los bolsillos.
Cuando todo está oscuro el mundo es más peligroso
porque se asoman ellas con caritas de humo y vestidas con volantes.
Le regalaron la rúa das verdades. Y una vez que entras

ya nadie puede escaparse porque el peso de las vísceras
porque las manos porque el olor de la putrefacción de las
palabras es el peor de todos los olores.
Le regalaron la rúa das verdades.
Si eres un héroe bélico,
tienes que saber soportarlo.

Cerveja *superbock*

La ciudad olía a pan y yo vi al chico al que le llegaba la
pena al cuello.

Le llamaban vagabundo.

Pero era tan joven como el despertar del tiempo y llevaba
en los bolsillos fragmentos de la calle,

trocitos de iglesias y botes de refresco.

Los perros ladraban porque ellos eran los que realmente
reinaban allí.

Vi al chico tambalearse y arrastrar la sombra y arrastrar
las Dr. Martens y el barquito de vela.

Llegó a la terraza y pidió una cerveza.

Olía a pan porque allí los habitantes se alimentaban de
rebanadas,

de hidratos blanditos,

de migas que caían al suelo.

El pan se colaba por las ventanas y hacía ladrar a los
perros que no podían alcanzar las alacenas.

Las hormigas solo viven en el suelo.

Los pájaros entre las hojas.

Al chico le llegaba la pena al cuello.

Parecía que la huida le mordía las rodillas.

Parecía que los sueños no querían convencerle

de que era mejor regresar a tu tierra

si ves que nadie sabe realmente tu nombre:

y él estaba a punto de olvidar el suyo.

Pidió otra cerveza y le invitaron a tres. Porque le llegaba la pena hasta el cuello. Y eso no puede tolerarse.

Era dueño de una fuente,

de dos botones,

y de varios fragmentos de la calle. Que guardaba en los bolsillos.

Dormía varias horas cuando el sol vigilaba su cabeza, con esa placidez de aquellos que no temen que les robe nadie.

Le llamaron vagabundo. Pidieron sus huesos en un tarro de mermelada.

La ciudad olía a pan y a milagros.

Por eso él tenía siempre los ojos abiertos. Una iglesia en las manos. Y la pena en el cuello.

Briseida *in love*

Cuando cruzó la carretera con el sol en la cara supe enseguida que era el chico de los cuentos.

El chico de la madre más famosa del mundo.

El chico espiga de oro.

Llevaba el pantalón desabrochado. Una cazadora marrón. Suciedad en los brazos. Suciedad en los ojos. Polvo en la nuca. Los pies descalzos. Y arena.

Cuando cruzó la carretera supe enseguida que era el chico que yo estudié en la escuela cuando la profesora nos decía que eso era importante.

Y los bolígrafos bic tomaban nota:

los nombres propios.

Los olvidados.

El nombre del chico con la madre más famosa del mundo.

No tenía seguro de vida.

Comía cereales de un vasito de yogur. Pedía limosna para volver a casa porque todos deseamos volver cuando la noche se vuelve demasiado oscura.

Supe que era él porque estaba muy callado. Tenía en el pelo la miel más cara del supermercado y el brillo del agua cuando se llena de cristales.

No tenía televisión.

Llevaba tres botes de espray de colores.

Iba marcando en las paredes lo que él pensaba que era todavía su nombre sobre las estrellas.

Paredes sucias manos sucias y nombre transparente.

El chico de los cuentos.

El chico de la madre más famosa del mundo.

El chico espiga de oro.

No tenía seguro de vida.

Creí que estaba perdido y él me dijo que quería volver a verme.

Aunque nunca me había visto.

Pupilas de pájaros negros y nombre transparente.

Le dije adiós sin mirarle a la cara.

Como te despides de los que se quedan para siempre.

PARTE II

Nadie dijo que tuviera miedo. Lo que tenía era un barco de papel de velas negras y un escudo plateado y unas Dr. Martens de esas de suela dura. Además, un billete de avión y la curiosidad de los gatos. Nadie dijo que tuviera miedo. Pero a veces uno siente la necesidad de dormir fuera de su casa. Y de comprobar que si realmente es la misma luna la que se asoma en todos los extremos. Y él estaba solo en el barco de velas negras. Y llegó la luna abriendo el agujero blanco y la luz en sus ojos como puntas de botellas de vidrio. No tenía miedo. Solo quería irse. Como nos sucede a todos.

Mitología

Yo no lo sabía y probablemente tú tampoco y sobre todo
nadie nos lo confesó antes de la última palmada en el
aire.
Que las cosas escritas no pueden ser susurradas.
Que los héroes que huyen dejan un polvo en la tierra
que no pasa.
Que no pasa.
Yo no lo sabía y probablemente tú tampoco pero ese
día en el avión no estuvo solamente el chico rubio que
enamoró a las estrellas sino que con él iba Homero
comiendo un kit-kat y Hércules con dolor de barriga.
El lado de los héroes que no cuentan los libros de texto.
Ni las manos antiguas. Ni los ojos que todo lo ven.
Yo no la sabía y probablemente tú tampoco pero el día
que quiso escapar todos le señalaron con el dedo porque
todos sabían que realmente era el producto de un sueño
que tuvieron unos niños que no querían crecer.
Neverland y un aparcamiento gratis.
Y lluvia.
Esas cosas que nos esperan en las ciudades que están
lejos.

Exit

Pies veloces como de tormenta
y cabello púrpura de constelaciones.
Llegaba el héroe menor al aeropuerto con un puñal
entre los dientes
que son los dientes del chico que más quise
porque así es como describo a aquellos que marcaron un
camino.

Pero no dejaron huella.

Violetas en los dedos y una bolsa de *duty free*,
con el corazón en un frasco de cristal de oro
y una bolsita de nueces picadas
porque así le aconsejaron sus padres que debe viajar
cuando marcha lejos
a resolver un ajuste de cuentas:
sin nada entre las costillas
sino solamente las flores.

Deseo de éxito y peces voladores que cruzaron en
vertical su cabello
cuando sus pies de tormenta llegaron a la orilla.
Sin más excusas que una mochila de *North Face* y lírica
griega
Buscó cobijo y buscó el triunfo

y enterró algo que se movía en la orilla del mar fresco.

Y *una rueda de polvo se levantó hacia arriba.*

Prado do repouso

Y llegó el día que vino el descanso.
Tenía el cuerpo lleno de huesos que gritaban que hacía
mucho calor o que tenían demasiada hambre y la sangre
se cubría de hormigas en los pies.
Llevaba peces en los ojos.
Serpientes en la espalda.
No sabía que los muertos también descansaban y llegó
al lugar que nunca se recuerda. O que nunca quiere
recordarse.
Siempre pensó que las flores de plástico eran un insulto
en la piedra.
Que los epitafios no eran palabra de muerto.
Que los que se quedan son los que deciden las tumbas.
Y los que marchan no tienen nada que decir.
Se sentó en la cruz más alta y sobre la tumba del que
construyó el teatro ardiendo.
El vigilante escuchaba *reggea* en la radio.
Palomas en la fuente de agua verde.
Serpientes en la espalda. Peces en los ojos.
La sangre se cubría de hormigas en los pies.
Y pensó que si cayera su cuerpo allí mismo
nadie pondría su nombre en la piedra,
porque los epitafios los escriben los vivos.
Porque los muertos ya no tienen nada que decir.
Solo una vez quiso descanso.

Las campanadas caían como cayos sobre la cabeza.

Demasiados nombres propios bajo la tierra y demasiados huesos que gritaban que hacía mucho calor o que había demasiada hambre y el chico que se sienta y cierra los ojos y cree

que al final nos iremos callados.

Y busca de nuevo su casa.

Y encuentra de nuevo la niebla. Serpientes en la espalda.

Espesa por la autopista y con ruido de cristales y
neumático que arde.
Que arde.
Los ojos clavados en las ventanillas
como cualquier persona que tiene hambre,
así los árboles como el trueno,
así los árboles como las botas y como los pies descalzos.
Nueve horas de viaje y una noche sobre las cabezas
que pesa tanto como las cincuenta maletas y bolsas de
viaje de Alcampo con el vino, las mudas, las camisetas
abrigaditas, chándal de North Face, pijama por si acaso,
calcetines, el saludo en francés y las notas del primer año
de carrera. Dentadura postiza.
Descuento especial por ser un héroe de Homero.
Aunque no el favorito.
Espesa por la autopista y con ruido de cristales
la negrura llegaba a la boca y se quedaba allí prendida
como un niño que se asoma en la cuna
como un diente de lobo
como una sospecha.
El héroe escuchaba las voces del entrenador de fútbol:
«Hay que pedirles más a los niños hay que saber el esfuerzo
hace años hace años esto era otra cosa autocorrecciones
proteínas un prodigio en las zapatillas Nike no hay lugar
para el descanso».

Escuchaba las voces de la anciana:

«A las ocho no a las once y dile que no vuelva dile que no vuelva que yo no quiero verla que es mi mal sueño que el horno no se enciende que no funciona la escalera».

Espesura densa por la boca y el grafiti de Richi 2002 en las rodillas.

Tuvo en la cabeza dos ojos dentro de sus ojos.

Los ojos dentro de mis ojos.

Pestañas largas. Y no salían que no salían.

A pesar de la negrura que llegaba a la boca y se quedaba allí prendida

como un lobo que se asoma en la cuna

como un diente de niño

como una sospecha.

«Llegada a las doce horas y treinta minutos. Abróchense los cinturones. Que sé que ninguno lo está haciendo».

Qué pasaría detrás de los árboles.

Qué se arrastraba por el suelo.

Descuento especial por ser un héroe de Homero.

Aunque no el favorito.

Sonido de cristales y de neumáticos y la negrura en la boca y los ojos dentro de mis ojos como una plegaria inconcreta.

No debemos confiar en la salvación por medio de los otros.

Como tampoco debemos confiar en la levadura de cerveza.

La oscuridad era firme y llevaba sotana y zapatos

de plata y colorete estridente. Es una reina como la
Fortuna. Y debajo de sus brazos la batalla por la luna y
todos los cohetes y la cabaña en el bosque y Resident
Evil y el ejército de las tinieblas y Simon y Garfunkel.
Tuvo en la cabeza las manos delicadas y un pañuelo que
cubría toda la niebla negra que llegaba hasta la boca y
entraba por los ojos,
solo una ventanilla me separaba de lo que no se conoce,
allí afuera estaba el grito del mundo y el diente de lobo
y el niño que solloza y la cabaña en el bosque y Chris
Hemsworth cosiéndose la camiseta.
Qué pasaría detrás de los árboles
pero qué se arrastraba por el suelo.
La negrura en la boca a cucharadas.
Como niño que se asoma a la cuna.
Como diente de lobo.
Como sospecha.
Descuento especial por ser un héroe de Homero.
Aunque no el favorito.

O rei vai nú

Clava las manos en la pared y escribe los cuentos de los
niños.
La belleza es ser una pared en Oporto.
Cubierta de azulejo azul y azulejo amarillo.
Que tienen ojos y lunas y peces.
La belleza es la mano que contiene los clavos que se
filtran en las casas
donde alguien lee los cuentos de los niños
y piensa:
«Sería una buena idea que las historias cubran las paredes
porque quién escuchará a los que se quedan dormidos
quién escuchará a los que ya no tengan la fuerza de los
héroes».
Y los niños memorizan los cuentos
que cubren las paredes como protección necesaria.
Uno clava la mano y señala que el monarca no lleva traje
y esas cosas no se dicen
pero en esta ciudad las paredes hablan
y tienen ojos y lunas y peces.
Puedes enfurecerte con los hombres pero nunca con las
paredes
que recogen las buenas palabras. Las que vienen de lejos.
Y en esta ciudad el mármol no rompe
porque tiene ojos y lunas y peces.

Saudade

No quiso desaparecer sin escribir la palabra más bella del
lenguaje.
La llevó a su tierra dentro de un paquete de oro y dentro
del baúl del rey.
Fue el regalo para B. y el regalo para su compañero.
Fue el regalo para aquellos que le aguardaban en la orilla
con las pupilas firmes sobre el agua.
Durmió tres noches más en la ciudad bulliciosa
de cortinas viejas y fantasmas tristes.
Durmió las noches precisas para memorizar la palabra,
probarla entre los dientes,
la calentó bajo la almohada del hostal como un huevo de
pollito que teme abrirse.
Era la palabra más mágica que había conocido.
La palabra que no le dieron de pequeño
la palabra que él tenía que haber escuchado para
comprender lo que te sucede cuando todo se cubre de
tierra y de pájaros sin alas.
Relojes de arena,
galletas de aviones,
un poco de playa.
Y la palabra latiendo dentro de la mochila. Dentro del
paquete de oro. Dentro del baúl del rey más poderoso.
No quiso desaparecer sin antes robarla,
oculta a todos los turistas.

Pero quiso escribir sobre la pared esas letras en la rúa das
verdades.
Durmió tres noches y tuvo saudade en la tráquea
y en el centro de la tripa.
Una saudade verde que temblaba de frío.
Escribió las letras en la pared más blanca.
Y supo que ya era hora de irse.

AQUILES EN OPORTO

Este barco de papel salió de
imprenta en abril de 2026,
esperando llegar cuanto an-
tes al buen puerto que es tu
estantería.